Renate Schupp

Rica und die Waldweihnacht

Eine Geschichte für den Advent

Mit Illustrationen von Johanna Ignjatovic

Kaufmann Verlag

Bibliografische Information der Deutschen Bibliothek
Die Deutsche Bibliothek verzeichnet diese Publikation in der Deutschen Nationalbibliografie;
detaillierte bibliografische Daten sind im Internet unter http://dnb.ddb.de abrufbar.

2. Auflage 2021
© 2011 Verlag Ernst Kaufmann, Lahr

Printed by Leo Paper
ISBN 978-3-7806-2834-3

Das Häuschen im Wald

Mitten im Wald steht ein Häuschen aus Holz. Es hat keine Fenster
und keine Tür und nur drei Wände. An der vierten Seite ist es offen.
Innen sind drei schmale Bänke, an jeder Wand eine.

Einmal ist Rica, das kleine Schaf, an der Hütte vorbeigekommen –
mit Anton, dem alten Hirten, und dem Hirtenjungen Jakob.
„Warum hat die Hütte keine Tür?", hat Jakob gefragt.
Und der alte Anton hat geantwortet:
„Das ist eine Schutzhütte. Wenn es regnet, kann man sich darin
unterstellen und warten, bis der Regen aufhört."
„Und wenn es nicht regnet?"
„Dann kann man sich ein wenig ausruhen", hat der alte Anton
gesagt.
Und er ist hineingegangen, hat sich auf eine Bank gesetzt
und sich ausgeruht.

Rica und Jakob waren nicht müde. Sie sind um die Hütte
gerannt und haben getobt und gelacht und geschrien. Da ist
von dem Krach die Eule oben in der großen Tanne aufgewacht
und hat geschimpft.

Das ist lang her. Damals war Sommer. Aber jetzt ist Winter.
Der Himmel hängt voll dunkler Wolken. Die kleine Hütte ist leer.

Kra-kra-kra, jetzt ist der Winter da!

In der Nacht hat es geschneit. Die kleine Hütte hat ein weißes Dach bekommen. Und oben auf dem großen Tannenbaum sitzt ein Häubchen aus Schnee.
Hui – braust der Wind durch den Wald mit wildem Geheul. Er zaust die Bäume und schüttelt sie, dass der Schnee von den Ästen wirbelt.

Die alte Eule ist aufgewacht. Sie schaut zwischen den Zweigen hindurch.
Da unten bewegt sich doch etwas!
Kommt da jemand?
Sie macht die Augen weit auf.
Aber der helle Schnee tut ihr weh.
Schnell macht sie die Augen wieder zu und steckt den Kopf in ihre Federn.

Da kommt die Kra-Kra-Krähe geflogen,
setzt sich auf die Tannenspitze und krächzt:

„Kra-kra-kra, jetzt ist der Winter da!
Ach, wer hilft uns armen Tieren,
wenn wir hungern, wenn wir frieren?
Kra-kra-kra, jetzt ist der Winter da."

Rica freut sich

Versteckt unter den Wurzeln der großen Tanne wohnt die
Maus mit ihren vier Kinderchen.
Vorsichtig streckt sie den Kopf aus ihrem Mauseloch.
Sie will schauen, was für Wetter heute ist.
Da hört sie, dass jemand kommt, und – husch –
ist sie in ihrem Loch verschwunden.

Es ist aber nur der alte Anton, der Hirte. Er zieht einen
Schlitten hinter sich her. Auf dem Schlitten
liegen große Säcke. Sie sind fest zugebunden.
Vor dem Schlitten her stapft Rica, das kleine Schaf.

An der Hütte hält der alte Anton an. Er lädt die Säcke ab,
trägt sie in die Hütte und stellt sie nebeneinander an die
Wand.

Rica hüpft vergnügt um den Schlitten herum und blökt:
„Mäh! Mäh! Mäh!"

Da hebt die Eule in der Tanne den Kopf, schüttelt ihre
Federn und ruft ärgerlich hinunter:
„Musst du schon wieder solchen Lärm machen?"
„Das kommt, weil ich mich so freue", sagt Rica.
„Ich freu mich! Ich freu mich!"

Etwas Wunderbares wird passieren

Die Eule fliegt hinunter und setzt sich auf den untersten Ast.
So kann sie besser mit Rica reden.
„Worüber freust du dich denn?", fragt sie verwundert.
„Das verrate ich nicht", antwortet Rica und springt unter dem Tannenbaum
hin und her und auf und ab. „Ich freu mich! Ich freu mich! Heute passiert
hier etwas WUNDERBARES."
„Was denn?", fragt die Eule.
„Wart's nur ab!", sagt Rica. „Dann wirst du's schon sehen! Heut ist
ein ganz besonderer Tag."
Vor lauter Aufregung kann sie nicht stillstehen.
Da ist der alte Anton fertig. Er ruft:
„Komm, Rica! Es gibt heute noch viel zu tun."

Sie machen sich zusammen wieder auf den Heimweg. Die alte Eule schaut ihnen
nach. Der Schnee blendet sie. Sie macht die Augen ganz klein und schmal.
„Etwas WUNDERBARES? Heute?", denkt sie.
„Was kann das sein? Hier? Mitten im kalten Winter?"

Eine schöne Idee

„Hast du gehört, was Rica gesagt hat?", ruft die Eule hinauf zur Kra-Kra-Krähe.
Aber die Krähe hat nichts gehört. Sie hat so laut gesungen.

„Kra-kra-kra", kreischt sie, „jetzt ist der Winter da! Ach, wer hilft
uns armen Tieren, wenn wir hungern, wenn wir …"
„Sch, sch! Hör endlich auf damit. Komm herunter, ich will mit
dir reden."

Die Krähe klappt den Schnabel zu und fliegt hinunter zur Eule.
„Denk nur", erzählt die Eule, „eben waren der alte Anton und Rica da.
Rica hat gesagt: „Heute wird etwas WUNDERBARES geschehen!"
Was kann das wohl sein?"
„Vielleicht hat der alte Anton Geburtstag und gibt ein Fest?", überlegt
die Krähe. „Die Menschen machen solche Sachen. Sie laden an
ihrem Geburtstag ihre Freunde ein und feiern. Und sie bekommen
viele Geschenke."
„Eine schöne Idee", findet die Eule. „Sie gefällt mir.
Wir Tiere sollten das auch machen. Weißt du, wann du
Geburtstag hast?"
„Leider nicht."
„Ich auch nicht."
„Dann können wir auch nicht Geburtstag feiern", sagt die
Krähe.

Der gescheite Fuchs

Der Fuchs kommt durch den Schnee gelaufen. Unter der
großen Tanne bleibt er stehen.
„Habt ihr Geburtstag gesagt?", ruft er zu der Eule und der
Kra-Kra-Krähe hinauf. „Hat hier jemand Geburtstag?"
„Nein, niemand", antworten die Eule und die Krähe
gleichzeitig.

„Das hätte mich auch sehr gewundert", sagt der Fuchs und tut
gescheit. „Tiere haben nämlich nie im Winter Geburtstag."
„Oh! Und warum nicht?"
„Weil sie im Frühling oder im Sommer auf die Welt kommen",
erklärt der Fuchs. „Und weil man Geburtstag
immer an dem Tag feiert, an dem man auf die Welt
gekommen ist."

„Du bist wirklich sehr klug, Fuchs", sagt die Eule.
„Vielleicht weißt du auch, was heute hier
WUNDERBARES passieren wird?"
„Etwas WUNDERBARES? Wer sagt das?"
„Rica. Sie war vorhin hier und hat das gesagt."
„Ach, die kleine Rica!", lächelt der Fuchs und tut wieder
gescheit. „Sie plappert viel den lieben langen Tag.
Man muss ihr nicht alles glauben."

Die geheimnisvollen Säcke

Der Fuchs will weitergehen. Da entdeckt er die Säcke in der Hütte.

„Was ist denn das? Wer hat die Säcke da hingestellt? Die waren doch gestern noch nicht da."

„Der alte Anton hat sie gebracht!"

„Aha! Der alte Anton! Den kenne ich gut."

Der Fuchs schnuppert an den Säcken. Er stupst sie mit der Schnauze an.

„Es ist etwas drin", stellt er fest.

Da müssen die Eule und die Kra-Kra-Krähe laut lachen.

„Du bist wirklich sehr klug, Fuchs. Aber stell dir vor, das haben wir uns auch schon gedacht!"

Der Fuchs ist ein bisschen beleidigt. Er mag es nicht, wenn man über ihn lacht.

Da poltert es hinter der Hütte und um die Ecke stapft das Wildschwein.

„Oh, Verzeihung", grunzt es, als es den Fuchs und die Eule und die Krähe sieht. „Ist hier eine Versammlung? Störe ich?"

„Nein, du störst nicht", sagt die Eule. „Wir überlegen gerade, was heute hier WUNDERBARES geschehen wird."

„Wer sagt denn so was?", fragt das Wildschwein.

„Das sagt Rica, das Schaf", antwortet die Eule.

Der Fuchs hat eine Idee

Das Wildschwein schnaubt durch seine großen Nasenlöcher, dass zwei Dampfwolken aufsteigen, aus jedem Nasenloch eine.

„Pah", sagt es. „Im Winter gibt es nichts WUNDERBARES. Da friert man und findet nicht genug zum Fressen."

„Das ist wahr", sagt der Fuchs und schüttelt seine kalten Pfoten.

Und die Krähe krächzt:

„Ach, wer hilft uns armen Tieren, wenn wir …?"

„Sch, sch!", sagt die Eule. „Wir überlegen gerade, was in diesen Säcken ist."

„Was wird schon drin sein!", grunzt das Wildschwein. „Tannenzapfen! Holzschnitzel! Moos! Welke Blätter! Die Menschen sammeln seltsame Sachen."

Doch der Fuchs ruft:

„Wartet nur! Das krieg ich raus! Da komm ich noch dahinter."

Und – sssst – rennt er los. Er stößt fast mit dem Eichhörnchen zusammen, das zwischen den Bäumen angesprungen kommt.

„Heda! Pass doch auf, Fuchs!", ruft es ärgerlich.

„Wo rennst du denn hin?"

„Ins Dorf! Hören, was die Tiere dort so reden! Heute soll nämlich etwas WUNDERBARES geschehen! Das hat Rica gesagt."

Auf dem Weg ins Dorf

„Ich komme mit", sagt das Eichhörnchen zum Fuchs. „Ich
war schon lange nicht mehr im Dorf."
„Was willst du denn da?", fragt der Fuchs. Er hat es eilig.
„Oh, es gibt dort einen Nussbaum. Vielleicht hängen noch
ein paar Nüsse dran", antwortet das Eichhörnchen.
„Mit Nüssen kann ich nichts anfangen", erklärt der Fuchs
und rennt los.
„So warte doch!" Das Eichhörnchen klettert flink an einem
Baumstamm hoch und schwingt sich über die Äste von
einem Baum zum anderen. Immer am Weg entlang.

Da taucht – tapp, tapp – hinter einer Kurve der Bär auf.
„Hallo, alter Fuchs!", brummt er mit seiner tiefen Stimme.
„Wohin des Wegs so eilig?"
„Hallo, alter Bär! Und du? Ich denke, du liegst in deiner
Höhle und schläfst."
„Die Kra-Kra-Krähe hat mich geweckt mit ihrem
grässlichen Kra-Kra-Winterlied! Jetzt mache ich einen
kleinen Spaziergang und vertrete mir die Beine, jawoll.
Man wird ja ganz steif, wenn man sich nicht bewegt."

Nehmt ihr mich mit?

Der Bär richtet sich hoch auf und dehnt und streckt sich.
„He, du stehst mir im Weg", sagt der Fuchs.
Und das Eichhörnchen ruft vom Baum herunter:
„Halte uns nicht auf, Bär. Heute wird an der Hütte im Wald
etwas WUNDERBARES geschehen."
„Wer sagt das?"
„Rica, das Schaf", antwortet der Fuchs. „Sie hat es der Eule gesagt.
Und die Eule hat es der Krähe gesagt. Und dann haben sie es
mir gesagt. Nun will ich die Tiere im Dorf fragen. Vielleicht wissen
sie etwas davon."
„Etwas WUNDERBARES? Oh, wie spannend", ruft der Bär.
„Nehmt ihr mich mit? Mir ist so langweilig."
Der Fuchs und das Eichhörnchen schauen den Bär an.
Der Bär ist groß. Der Bär ist stark. Er hat riesige Tatzen mit
scharfen Krallen und ein zotteliges Fell.
„Mir wär's ja egal", sagt der Fuchs. „Aber du weißt doch,
dass die Menschen Angst vor dir haben."
In diesem Augenblick kommt der Wolf vorbei.
„Was höre ich da? Wer hat hier Angst?", fragt er
neugierig.
„Niemand hat hier Angst!", sagt der Bär und macht
sich ganz groß.

Es liegt was in der Luft

„Irgendetwas ist seltsam heute", sagt der Wolf zum Fuchs und streckt die Nase in die Luft. „Ich rieche es."
„Jawoll", antwortet der Bär, der auch eine feine Nase hat. „Es riecht anders als an anderen Tagen."
Das Eichhörnchen schnuppert.
„Ich rieche nichts."

Der Wolf sieht sich vorsichtig um und sagt leise:
„Irgendetwas ist in der Luft. Ich bin vorhin bei der kleinen Hütte vorbeigekommen. Die Eule sagt, dass dort etwas WUNDERBARES geschehen wird."
„Ja", antwortet der Bär. „Der Fuchs hat es auch gerade erzählt. Da muss ich hin."
Er dreht sich um und tappt davon.

Rica aber ist weitergegangen. Sie muss zurück auf ihre Wiese, sonst machen sich Jakob und der alte Anton Sorgen.
Da kommen ihr aus dem Gebüsch zwei Rehe entgegen gesprungen. Das erste ruft aufgeregt:
„Rica, Rica! Hast du auch gehört, was der Wolf gesagt hat? An der Hütte wird etwas WUNDERBARES geschehen."
„Ja, das ist wahr", antwortet Rica und trabt weiter. „Heute Abend."

Die Rehe sehen ihr verwundert nach.
„Warum hat sie es so eilig?", fragt das erste.
„Komm, wir gehen zur Hütte und schauen, was da passiert", sagt das andere. „Ich habe noch nie etwas WUNDERBARES gesehen."

Die Versammlung der Tiere

Nun sind sie schon eine richtige Tier-Versammlung dort an der Hütte:
die Eule, die Krähe, das Wildschwein, der Bär, der Wolf
und die zwei Rehe.
„Sieben!", zählt die Eule. „Ohne den Fuchs und das Eichhörnchen."
„Acht!", ruft der Hase, der zufällig gerade vorbeispaziert.
Er bleibt stehen, zählt nach und wiederholt: „Ich bin der Achte,
wenn ihr mich mitspielen lasst!"
„Und ich die Neunte!", piepst die Maus und schlüpft aus dem Mauseloch
unter der großen Tanne. Sie hat ihre Kinderchen zum Mittagsschlaf
hingelegt und will ein bisschen frische Luft schnappen.
„Was spielt ihr denn?", fragt sie.
„Wir spielen nicht! Wir warten!"
„Aha! Und worauf wartet ihr?", fragt der Hase.
„Auf das WUN-DER-BA-RE", erklärt die Eule.
Da schaut die Maus den Hasen an. Und der Hase schaut
die Maus an. Und beide fragen gleichzeitig:
„Was ist das – das WUN-DER-BA-RE?"
„Wenn ich das wüsste!", sagt die Eule. „Wenn ich das wüsste!"
Und die Kra-Kra-Krähe krächzt: „Es ist ein GEHEIMNIS.
Nur Rica kennt es."
„Und wo ist Rica?", fragt der Hase.
„Wir haben sie gesehen", rufen die Rehe.
„Sie ist ins Dorf gelaufen."

Warten auf den Fuchs

Da stehen sie nun herum, die Tiere, und warten.
Sie warten, dass der Fuchs wiederkommt.
Sie warten, dass etwas WUNDERBARES passiert.

Der Hase hat die Ohren aufgestellt. Er hat feine Ohren.
Vielleicht kann er es ja hören, das WUNDERBARE.
Aber nur die Bäume rauschen im Wind.

Die Rehe stehen ganz dicht zusammen und wärmen sich
aneinander.

Das Wildschwein reibt sich den Rücken an der großen Tanne
und grunzt vor sich hin.

Der Wolf läuft unruhig hin und her.

Der Bär kratzt sich am Kopf und gähnt: „Mir ist langweilig!"
„Wir könnten etwas singen", sagt die Eule.
„Oh ja, das ist gut", krächzt die Krähe.
„Kra-kra-kra, jetzt ist der Winter …"
„Sch, sch", sagt die Eule und alle Tiere halten sich die Ohren
zu. „Kannst du kein anderes Lied?"
„Nein!", sagt die Krähe und schweigt beleidigt.

Kater Ruffel

Inzwischen sind der Fuchs und das Eichhörnchen schon ganz nah
ans Dorf herangekommen.

Auf der Wiese hinter dem Friedhof treffen sie Rica.
Sie schnauft noch ein bisschen, weil sie so schnell gelaufen ist.
Aber ihre Augen strahlen.
„Hallo, Rica, meine Liebe", begrüßt sie der Fuchs. „Du siehst
so glücklich aus."
„Das kommt, weil ich mich freue. Ich freu mich! Ich freu mich!"
„Das ist schön! Und worüber freust du dich?", fragt der Fuchs
freundlich.
„Heut passiert etwas WUNDERBARES. Aber ich verrat's dir nicht.
Es ist ein Geheimnis."
„Pff", sagt der Fuchs. „Das kriege ich schon heraus.
Da komm ich noch dahinter."

Auf der Friedhofsmauer sitzt der Kater Ruffel und putzt
sein Fell.
„Den kannst du fragen", sagt das Eichhörnchen zum Fuchs.
„Der weiß alles, was im Dorf passiert. Ich geh inzwischen nach
den Nüssen schauen. Bin bald zurück. Warte auf mich!"
Und – schwupp – springt es über die Mauer und ist schon
verschwunden.

Die Geschichte vom Christkind

Der Kater Ruffel hat gehört, was das Eichhörnchen gesagt hat. Er fragt:
„Was möchtest du denn wissen, Fuchs?"
„Rica, das Schaf, behauptet, dass heute etwas WUNDERBARES passieren wird."
„Klar", antwortet der Kater. „Heute ist doch die Heilige Nacht."
„Heilige Nacht?" Davon hat der Fuchs noch nie gehört.
„In der Heiligen Nacht ist das Christkind auf die Welt gekommen", erklärt ihm der Kater. „Jedes Jahr feiern da die Menschen seinen Geburtstag. Kennst du die Geschichte vom Christkind nicht?"
Der Fuchs schüttelt den Kopf.
„Erzähl sie mir!"

Aber der Kater Ruffel hat gerade jetzt keine Zeit.
Er möchte für seine Freundin noch ein Geschenk besorgen.
„Frag den Esel dort drüben am Zaun", sagt er und springt von der Mauer. „Er kennt die Geschichte. Sein Ur-Ur-Ur-Urgroßvater ist nämlich dabei gewesen."

Die Reise nach Betlehem

Da geht der Fuchs zum Esel und bittet ihn:

„Erzähl mir, was in der Heiligen Nacht passiert ist."

„Das ist eine alte Geschichte", antwortet der Esel. „Sie ist vor langer Zeit geschehen, in einem fernen Land. Dort haben in einer Stadt namens Nazaret ein Mann und eine Frau gelebt – Josef und Maria. Die mussten eines Tages eine Reise machen. Nach Betlehem. – Hast du schon einmal von Betlehem gehört?"

Der Fuchs schüttelt den Kopf.

„Macht nichts! Du musst wissen, dass es damals noch keine Autos und Eisenbahnen gegeben hat. Nicht einmal Fahrräder. Nichts. Die Menschen haben zu Fuß gehen müssen. Aber Josef hatte einen Esel: Das war mein Ur-Ur-Ur-Urgroßvater. Darauf hat Maria reiten dürfen. Sie hat den weiten Weg nämlich nicht mehr zu Fuß gehen können, weil sie bald ein Kind bekommen sollte. So sind sie nach Betlehem gekommen. Aber dort war im Gasthaus kein Zimmer frei und sie haben im Stall übernachten müssen. Den Esel, meinen Ur-Ur-Ur-Urgroßvater, hat Josef draußen vor dem Stall angebunden."

Der Esel macht eine Pause. Dann sagt er:

„Siehst du die Kuh dort drüben? Die kann dir sagen, was drinnen im Stall passiert ist. Ihr Ur-Ur-Ur-Urgroßvater ist nämlich drin gewesen."

Ein Kind wird geboren

Da geht der Fuchs zu der Kuh und sagt:
„Erzähl mir, was in der Heiligen Nacht drinnen im Stall passiert ist!"
Die Kuh hört auf zu kauen und schaut den Fuchs verwundert an.
„Das weißt du nicht? Da ist das Kind geboren. Ein Junge – Jesus. Maria hat ihn in ein Tuch gewickelt und in die Futterkrippe gelegt. Und mein Ur-Ur-Ur-Urgroßvater hat den Kleinen mit seinem warmen Atem angehaucht, denn es war eine kalte Nacht."

Die Kuh zupft einen Grashalm ab, der aus dem Schnee hervorlugt.
„Auf einmal sind Hirten dahergekommen", erzählt sie dann weiter. „Die waren ganz aufgeregt. Die haben zu Maria gesagt: Der kleine Jesus ist ein ganz besonderes Kind. Er ist das Christkind!"

Gerade da laufen Rica und Fido vorbei. Fido ist der Hund vom alten Anton.
„Wuff, wuff!", bellt er, denn er hat gehört, was die Kuh gesagt hat. „Lass mich das erzählen! Mein Ur-Ur-Ur-Urgroßvater war nämlich bei den Hirten, die zum Stall gekommen sind."

Rica und Fido haben es eilig

„Woher wussten die Hirten denn, dass der kleine Jesus das Christkind war?",
fragt der Fuchs. „Das konnten die doch gar nicht wissen."
„Doch, doch!", sagt Fido. „Ein Engel ist zu ihnen auf die Weide gekommen.
Der hat gesagt: Ihr Hirten, hört her: Heute ist in einem Stall in Betlehem
ein Kind geboren, ein ganz besonderes Kind – das Christkind. Das will
den Menschen auf der Erde Friede und Freude bringen. Geht hin und
begrüßt es."

Da sind die Hirten gleich nach Betlehem gelaufen. Sie wollten das
Kind sehen. Das Christkind. Und ein Hund war auch dabei – mein
Ur-undsoweiter-Großvater!"

„Und der Hirtenjunge hat ihm als Geschenk ein Schäflein
mitgebracht", ruft Rica dazwischen.
„Aha", sagt der Fuchs. „Das war bestimmt dein Ur-Ur-Ur-
Urgroßvater!"
„Nein, meine Ur-Ur-Ur-Urgroßmutter!"

„Das ist die ganze Geschichte", sagt Fido.
„Aber jetzt müssen wir weiter. Sonst kommen wir
zu spät in die Kirche. Dort führen heute die Kinder
die Geschichte vom Christkind auf. Und Rica und
ich spielen das Schäflein und den Hund."

Ich will auch mitmachen

Von allen Seiten strömen Menschen aus dem Dorf in die Kirche.
Der Fuchs sieht, wie Rica und Fido zu einer Gruppe von Kindern
laufen. Jakob, der Hirtenjunge, ist auch dabei.
„Da seid ihr ja endlich!", ruft er. „Los, macht! Es fängt gleich
an."
Er nimmt Rica auf den Arm und schiebt Fido vor sich her in
die Kirche.

„Hast du das gesehen!", sagt der Esel empört zu der Kuh.
„Die dürfen mit den Kindern mitspielen! Ich bin doch genauso
wichtig. Schließlich ist Maria auf dem Esel geritten!
Nächstes Jahr will ich auch mitmachen!"
„Ich auch!", antwortet die Kuh. „Ich könnte das Kind wärmen."

Da kommt die Taube angeflogen. Sie sieht den Fuchs
und landet auf der Friedhofsmauer.
„Die Tiere im Wald schicken mich", gurrt sie. „Sie wollen wissen,
was du so lange machst?"
„Ich warte auf das Eichhörnchen", sagt der Fuchs.
„Es wird gleich zurück sein."

Der Fuchs ist wieder da

Inzwischen stehen die Tiere an der Hütte und sind schon ganz
ungeduldig. Sie frieren und haben Hunger.
Der Bär läuft immerzu rund und rund und rund herum und
zertrampelt den Schnee.
Die Maus trippelt hin und her und fragt alle paar Minuten:
„Dauert es noch lange? Wenn meine Kinderchen aufwachen,
 muss ich wieder zu Hause sein."
Da kreischt die Kra-Kra-Krähe von der Tannenspitze herunter:
„Ich sehe ihn! Da kommt er auf dem Weg vom Dorf. Kra, kra, kra,
 der Fuchs ist wieder da", krächzt sie. „Ach, wer hilft uns
 armen Tieren, wenn wir …"
„Sch, sch", sagt die Eule ärgerlich.
„Ist das Eichhörnchen auch dabei?"
„Ja, ja, ja!", krächzt die Krähe. „Und die Taube auch!"

Es dämmert schon, als der Fuchs und das Eichhörnchen
und die Taube endlich zurück sind.
Am Himmel leuchten die ersten Sterne.
Gleich wird es dunkel sein.

Das Krippenspiel

Alle Tiere laufen schnell herbei und drängen sich um den Fuchs.
„Erzähl! Erzähl!", rufen sie durcheinander. „Was hast du gehört?
Was reden die Tiere im Dorf?"
„Lasst mich doch erst verschnaufen", sagt der Fuchs.
Dann springt er auf das Dach der Hütte, damit ihn alle gut sehen
und hören können, und erzählt den Tieren die Geschichte vom
Christkind und der Heiligen Nacht.
„Die Kinder aus dem Dorf führen die Geschichte in der Kirche
auf", sagt er zum Schluss. „Und Rica darf das Schaf spielen,
das der Hirtenjunge dem Christkind bringt. Und Fido spielt
seinen Hund."

Die Tiere haben aufmerksam zugehört. Jetzt schweigen sie
eine Weile. Sie denken an Maria, Josef und das Christkind.
An den Engel und die Hirten. An alle Tiere, die dabei waren.
Und natürlich an Rica und Fido.

„Ja", sagt die Eule schließlich, „das ist eine wunderbare
Geschichte. Und du hast sie schön erzählt. Aber was ist in
den Säcken?"

Da kommt jemand

Oh je, die Säcke!
Die hat der Fuchs ganz und gar vergessen.
„Ähem", räuspert er sich.
Aber bevor ihm etwas einfällt, poltert das Wildschwein:
„Und was ist mit dem WUNDERBAREN, das heute hier
passieren soll? Wir warten seit Stunden, aber nichts
passiert."
„Jawoll", brummt der Bär. „Seit Stunden."
„Wir müssen Futter suchen", sagen die Rehe schüchtern.
„Wir haben seit heute Morgen nichts gegessen."
Und die Maus piepst:
„Wenn nichts WUNDERBARES passiert, gehe ich nach
Hause zu meinen Kinderchen. Sie sind sicher schon längst
aufgewacht."
Plötzlich macht der Hase seine Ohren
ganz lang.

„Psst! Seid alle mal ganz leise", flüstert er.
„Es kommt jemand."
Da verschluckt die Maus das letzte Wort.
Der Bär brummt nicht mehr.
Die Rehe verstummen ängstlich.
Das Wildschwein hört auf zu poltern.

Alle Tiere sind ganz still und lauschen.

Bald ist es so weit

Es ist Nacht geworden im Wald, dunkel und kalt.
Man kann nicht mehr gut sehen.
Aber man kann hören.
„Mäh! Mäh!", tönt es und zwischen den Bäumen taucht Rica
auf.
Dann kommen der alte Anton und Jakob, der Hirtenjunge.
Er zieht den Schlitten. Was hat er da aufgeladen?
„Holz!", flüstert die Eule. Sie hat scharfe Augen für die Dunkelheit.
„Äste!"

Der alte Anton macht sich mit dem Holz auf dem freien Platz
vor der Hütte zu schaffen. Jakob fummelt im Dunkeln an der
kleinen Tanne herum.
Rica aber springt hierhin und dahin und ruft:
„Gleich passiert es, das WUNDERBARE. Gleich. Ihr müsst jetzt
aber alle die Augen zumachen – so lange, bis ich es sage!"

Da ruft die Maus:
„Halt! Wartet noch! Ich will meine Kinderchen holen.
Sie sollen das WUNDERBARE auch sehen."
„Aber beeil' dich", sagt Rica ungeduldig.
Und als die Maus und ihre vier Kinderchen
endlich da sind, ruft sie: „Augen zu!"

Die Heilige Nacht

Da hört man ein heimliches Geraschel und Getuschel.
Der alte Anton und Jakob flüstern miteinander.
Die Tiere spitzen die Ohren.
„Jetzt dürft ihr die Augen wieder aufmachen", ruft Rica.
Oh! Und nun ist es da – das WUNDERBARE:
Auf dem Platz vor der Hütte brennt hell ein Feuer.
Und die kleine Tanne ist festlich geschmückt mit roten
Kugeln und Kerzen.
„Jetzt schaut zur Hütte!", befiehlt Rica.

Oh, was ist da geschehen? Die Säcke liegen leer in der
Ecke. Der Boden der Hütte aber ist bedeckt mit Körnern,
Rübenschnitzen und trockenen Brotkanten. Und die
Futterkrippe quillt über von Heu.

„Na?", ruft Rica und tanzt vor Freude. „Ist das gut?
Freut ihr euch? Freut ihr euch richtig?"

Ah, und wie sich die Tiere freuen!
Noch nie zuvor haben sie etwas so WUNDERBARES
erlebt.
Heute Abend muss niemand Hunger haben und frieren.

Heute essen sich alle rundherum satt. Und dann sitzen sie
um das Feuer und wärmen sich.
Erst spät in der Nacht, als alles Futter aufgegessen, das
Feuer niedergebrannt und die Kerzen erloschen sind,
gehen sie nach Hause.
Aber niemals zuvor waren sie so fröhlich miteinander wie
in dieser Heiligen Nacht.